La piñata de la clase

por Victoria Zamora
ilustrado por Jane Conteh-Morgan

Scott Foresman

Editorial Offices: Glenview, Illinois • New York, New York
Sales Offices: Reading, Massachusetts • Duluth, Georgia
Glenview, Illinois • Carrollton, Texas • Menlo Park, California

Hola, me llamo Brenda.
Mi escuela tiene una fiesta.

Vamos a hacer una piñata.
Se usa pegamento y papel.

Cortamos el papel de colores.

Después pegamos el papel.

Ponemos dulces en la piñata.
Ponemos colores en la piñata.

¡Vamos a romper la piñata!

Tina no rompe la piñata.

Bob no rompe la piñata.

Yo voy después de él.

Yo quiero romper la piñata.

¡Se rompe la piñata!

Me reí con Bob.
Me reí con Tina.

¡Nos reímos todos!